Buon Natale 1

Buon Natale 2

Natale

Storia, Tradizioni e dintorni

A cura di **Antonio Pittau**

Buon Natale 3

Buon Natale 4

*Dedicato a tutti coloro
che trascorreranno
il Santo Natale
in solitudine*

Buon Natale 6

Il Natale è ...

Il Natale è una festa cristiana che celebra la nascita di Gesù Cristo detta Natività.

Il Natale viene celebrato nel mondo in diversi periodi secondo le varie religioni:

- il 25 dicembre per cattolici, protestanti e ortodossi che seguono il calendario gregoriano;
- 6 gennaio per le chiese orientali antiche;
- 7 gennaio per ortodossi che seguono il calendario giuliano;
- 19 gennaio per la chiesa armena apostolica di Gerusalemme che segue il calendario giuliano.

Secondo il calendario liturgico, è una solennità di importanza superiore all'Ascensione e alla Pentecoste, ma inferiore alla Pasqua, la festa cristiana più importante. È comunque la festa più popolarmente sentita tra i cristiani; tuttavia, in tempi più recenti ha assunto tra le popolazioni di cultura occidentale anche un significato laico, legato allo scambio di doni, alla famiglia e a figure del folclore come Babbo Natale.

Sono strettamente legate alla festività la tradizione del presepe e dell'albero di Natale, entrambe di origine medioevale, la seconda più legata ai Paesi del Nord Europa.

Il termine italiano "Natale" deriva dal latino cristiano *Natāle(m)*, per ellissi di *diem natālem Chiristi* (giorno di nascita di Cristo) a sua volta da latino *natālis* derivato da *nātus* (nato), participio perfetto del verbo *nāsci* (nascere).

Nella tradizione cristiana, il Natale celebra la nascita di Gesù a Betlemme da Maria.
Il racconto ci è pervenuto attraverso i vangeli secondo Luca e Matteo, che narrano l'annuncio dell'angelo Gabriele, l'adorazione dei pastori, la visita dei magi. Alcuni aspetti devozionali (la grotta, il bue e l'asino, i nomi dei Magi) risalgono invece a tradizioni successive e a racconti presenti in vangeli apocrifi.

Il significato cristiano della festa risiede nella celebrazione della presenza di Dio. Con la nascita di Gesù, Dio per i cristiani non è più infatti un Dio distante, che si può solo intuire da lontano, ma è un Dio che si rivela ed entra nel mondo per rimanervi fino alla fine dei tempi.

Per quanto riguarda la liturgia, nella Chiesa latina il giorno di Natale è caratterizzato da quattro messe:

- la *vespertina della vigilia*
- *ad noctem* (cioè la messa della notte)
- *in aurora*
- *in die* (nel giorno)

Come tutte le solennità, il Natale ha una durata maggiore rispetto agli altri giorni del calendario liturgico e inizia infatti con i vespri della vigilia: il tempo liturgico del Natale si conta a partire dai primi vespri del 24 dicembre, per terminare con la domenica del Battesimo di Gesù, mentre il periodo precedente al Natale comprende le domeniche di Avvento.

Nel corso dell'ultimo secolo, con il progressivo secolarizzarsi dell'Occidente, e in particolar modo dell'Europa Settentrionale, il Natale ha continuato a rappresentare un giorno di festa anche per i non cristiani, assumendo significati diversi da quello religioso. In questo ambito, il Natale è generalmente vissuto come festa legata alla famiglia, alla solidarietà, allo scambio di regali e alla figura di Babbo Natale.

Al tempo stesso la festa del Natale, con connotazioni di tipo secolare-culturale, ha conosciuto una crescente diffusione in molte aree del mondo, estendendosi anche in Paesi dove i cristiani sono piccole minoranze, come in India, Pakistan, Cina, Taiwan, Giappone e Malesia.

Al di fuori del suo significato religioso, il Natale ha inoltre assunto nell'ultimo secolo una significativa rilevanza in termini commerciali ed economici, legata all'usanza dello scambio di doni.

Origine della festività

Alcuni riferimenti poco certi sulla festività del Natale risalgono al IV secolo. La prima menzione certa della Natività di Cristo con la data del 25 dicembre risale invece al 336, e la si riscontra nel *Chronographus*, redatto intorno alla metà del IV secolo dal letterato romano Furio Dionisio Filocalo.

Le origini storiche della festa non sono note e sono state spiegate con varie ipotesi. Probabilmente la sua data venne fissata al 25 dicembre per sostituire la festa del *Natalis Solis Invicti* con la celebrazione della nascita di Cristo, indicato nel *Libro di Malachia* come nuovo "*sole di Giustizia*" (cfr. *Malachia* III,20). Sono state proposte anche soluzioni diverse, sia in relazione ad influenze ebraiche che a tradizioni interne al cristianesimo.

La tradizione cristiana si intreccia con quella popolare e contadina, dal momento che nello stesso periodo si celebravano una serie di ricorrenze e riti legati al mondo rurale: infatti nell'antica Roma dal 17 al 24 dicembre si festeggiavano i Saturnali in onore di Saturno, dio dell'agricoltura, durante i quali avvenivano scambi di doni e sontuosi banchetti.

Data di nascita di Gesù

La data di nascita di Gesù è sconosciuta: il giorno non è indicato nei Vangeli né in altri scritti contemporanei. Fin dai primi secoli, i cristiani svilupparono comunque diverse tradizioni, basate anche su ragionamenti teologici. Questi fissavano il giorno della nascita in date diverse, tanto che il filosofo *Clemente Alessandrino* (150 - 215 d.C.) annotava in un suo scritto: *"Non si contentano di sapere in che anno è nato il Signore, ma con curiosità troppo spinta vanno a cercarne anche il giorno"* (*Stromata*, I,21,146).

Il testo di *Clemente* registra comunque l'esistenza di una tradizione antica relativa a una nascita di Gesù in una data di mezzo inverno. Tale tradizione viene infatti fatta risalire ai seguaci di *Basilide*, attivo ad Alessandria prima del 150, che celebravano il 6 o il 10 gennaio, con il battesimo di Gesù, la sua nascita come Figlio di Dio.

Il dibattito sulla data di nascita di Gesù, rilanciato nel Novecento, consente di offrire un'alternativa o complementare all'ipotesi dell'istituzione del Natale in sostituzione alla festa pagana del *Sol Invictus*.
Un primo riferimento, per quanto controverso, al 25 dicembre come giorno di nascita di Gesù è presente in Ippolito di Roma nel 204 d.C., circa 70 anni prima di Aureliano, e lo studioso Paul de Lagarde ha evidenziato come la data del 25 dicembre era

presumibilmente calcolata in Occidente già nel 221, nella Cronografia di Sesto Giulio Africano.

In generale, diversi studiosi hanno tentato una ricostruzione plausibile della nascita di Gesù, arrivando a ritenere verosimile il 25 dicembre. Tuttavia è stato grazie alle ricerche di *Shemarjahu Talmon*, dell'Università Ebraica di Gerusalemme che furono compiuti concreti passi avanti in questo senso. Talmon è stato infatti in grado di ricostruire le turnazioni sacerdotali degli ebrei e applicarle al calendario gregoriano sulla base dello studio del Libro dei Giubilei recentemente scoperto a Qumran. Lo studioso israeliano riuscì a stabilire che la data di nascita di Gesù potrebbe quindi essere il 25 dicembre.

Di rilievo anche una possibile lettura simbolica della data di nascita. Dato che la data della morte di Gesù nei Vangeli si colloca tra il 25 marzo e il 6 aprile del nostro calendario, per calcolare la data di nascita di Gesù secondo alcuni studiosi si sarebbe seguita la credenza che la morte sia avvenuta nell'anniversario della sua venuta al mondo. Secondo questa ipotesi, per la festività del Natale si calcolò che Gesù fosse morto nell'anniversario della sua Incarnazione o concezione (non della sua nascita), e così si pensò che la sua data di nascita dovesse cadere nove mesi dopo la data del Venerdì Santo, tra il 25 dicembre e il 6 gennaio.

Il Natale nei primi secoli del Cristianesimo

La celebrazione del Natale non è presente nei primi elenchi delle festività cristiane, per esempio in quello di *Ireneo* e in quello di *Tertulliano*, e *Origene* ricorda che nella Scrittura solo i peccatori festeggiavano la data del compleanno.

Secondo le tradizioni ebraiche

Alcuni studiosi hanno inoltre suggerito una possibile relazione con la festa ebraica della Ridedicazione del Tempio, la Hanukkah, che cade il venticinquesimo giorno di Kislev, un mese lunare che corrisponde approssimativamente a novembre o dicembre. La festa ha però un significato diverso, dura otto giorni e non pare avere comunque inciso in modo in modo significativo sulla scelta della data del Natale.

Origini delle celebrazioni a Gerusalemme

Nel 385 d.C. *Egeria* scrive di essere rimasta profondamente impressionata dalla festa della Natività di Gerusalemme, che aveva aspetti prettamente natalizi; il vescovo si recava di notte a Betlemme, tornando a Gerusalemme il giorno della celebrazione. La presentazione di Gesù al tempio era celebrata quattordici giorni dopo. Ma questo calcolo inizia dal 6 gennaio, e la festa continuava per gli otto

giorni dopo quella data, successivamente menziona solo le due feste maggiori dell'Epifania e della Pasqua. Per cui il 25 dicembre nel 385 non era osservato a Gerusalemme.

Giovanni di Nikiu per convincere gli armeni a osservare la data del 25 dicembre fa notizia di una corrispondenza tra Cirillo di Gerusalemme e papa Giulio I in cui Cirillo dichiara che il suo clero non può, nella singola festa della nascita e del battesimo, effettuare una doppia processione tra Betlemme e il Giordano e chiede a Giulio di stabilire la vera data della Natività *dai documenti del censimento portati a Roma da Tito*; Giulio stabilisce il 25 dicembre.
Sofronio Eusebio Girolamo, scrivendo nel 411 d.C., rimprovera ai palestinesi di mantenere la celebrazione della nascita di Cristo nella festa della Manifestazione.

Cosma Indicopleuste suggerisce che anche alla metà del VI secolo la chiesa di Gerusalemme riteneva, basandosi sul passo evangelico di Luca, che il giorno del battesimo fosse il giorno della nascita di Gesù in quanto essere divino. La commemorazione di Davide e Giacomo l'Apostolo si svolgeva il 25 dicembre.

Origini delle celebrazioni a Roma

Riguardo alla Chiesa di Roma, la più antica fonte sulla celebrazione del Natale è il *Cronografo del 354* compilato nel 354, che contiene importanti tre date:

- Nel calendario civile il 25 dicembre è indicato come *Natalis Invicti*.

- Nella *Depositio Martyrum*, una lista di martiri romani o di altra origine universalmente venerati, il 25 dicembre è indicato come *VIII kal. ian. natus Christus in Betleem Iudeae*.

- In corrispondenza del 22 febbraio, *VIII kal. mart.* è menzionata la cattedra di San Pietro.

Festività solari

Il solstizio invernale e il culto del *"Sol Invictus"* nel tardo impero romano hanno verosimilmente avuto un ruolo nell'istituzione e nello sviluppo del Natale.

Il Natale costituisce probabilmente il caso più significativo di come un concetto temporale con forti associazioni con la religione romana del tempo sia stato assorbito dal Cristianesimo e abbia assunto un nuovo significato.

La festa si sovrappone approssimativamente alle celebrazioni per il solstizio d'inverno e alle feste dei saturnali romani (dal 17 al 23 dicembre), inoltre già nel calendario romano il termine *Natalis* veniva impiegato per molte festività, come il *Natalis Romae* (21 aprile), che commemorava la nascita dell'Urbe, e il *Dies Natalis Solis Invicti*, la festa dedicata alla nascita del Sole (*Mitra*), introdotta a Roma da Eliogabalo (imperatore dal 218 al 222) e ufficializzato per la prima volta da Aureliano nel 274 d.C. con la data del 25 dicembre.

È soprattutto quest'ultima festa a polarizzare l'attenzione degli studiosi. Se già verso il 200 era ampiamente diffusa nelle comunità cristiane dell'oriente greco la celebrazione del 6 gennaio come giorno della nascita di Gesù, successivamente si registra il prevalere della data del 25 dicembre, e questo pare spiegarsi con la grande popolarità, al tempo, della devozione al *Sole Invitto*.

Alcune coincidenze storiche sono significative:

- la corrispondenza delle date,

- il fatto che il periodo nel quale prende probabilmente forma la festività cristiana corrisponde approssimativamente con il picco dei culti solari sostenuti dallo Stato romano,

- la diffusione di analogie solari con il Cristo negli scritti patristici di quei secoli. Queste sono state ispirate direttamente dal cantico di Zaccaria nel Vangelo di Luca, che descrive la missione di Giovanni Battista come una preparazione alla venuta del Signore, descritto come "un sole che sorge dall'alto": si veda Lc. 1,68-79 e in particolare il v. 78.

Tradizioni natalizie

Il Natale è una festa accompagnata da diversi costumi, folclore e celebrazioni, variabili da paese a paese, sia dal punto di vista sociale che religioso.

Tra i costumi, le pratiche e i simboli familiari del Natale sono presenti: il presepe, l'albero natalizio, la Stella di Natale, l'agrifoglio, il vischio, lo zampone e il cotechino, la figura di Babbo Natale, la Befana, il calendario dell'Avvento, lo scambio di auguri e di doni, già presenti nelle tradizioni di alcuni popoli nordici prima dell'introduzione del cristianesimo.

Le celebrazioni del solstizio invernale erano molto diffuse e popolari nel Nord Europa, e prima che fossero immesse nella tradizione cristiana, la parola Natale era definita con *yul*, da cui è stato tratto il termine anglosassone *yule* che significa appunto Natale. Per quanto riguarda l'albero di Natale, si crede che sia stato introdotto per la prima volta in Germania.

Nell'Inghilterra cromwelliana, dove fiorì una forte teocrazia conservatrice, e nella primissime colonie americane del New England, il Natale fu una tra le molte celebrazioni che furono soppresse.

Dopo la rivoluzione russa, in Unione Sovietica il Natale venne soppresso per i successivi settantacinque anni. Al giorno d'oggi presso i

Testimoni di Geova, in alcuni gruppi Puritani, e presso i fondamentalisti cristiani, il Natale viene considerato come una festa pagana, non essendo esplicitamente menzionato dalla Bibbia e pertanto non celebrato.

I doni rappresentano un aspetto importante e universale delle celebrazioni natalizie. Diffusissima in tutto il mondo è una figura mitica che porta i doni ai bambini, ma nell'era del consumismo anche a gli adulti, e che trae origine da *San Nicola* un vescovo del IV secolo, di cui tuttora il personaggio di Babbo Natale porta il nome (*Santa Claus*) nei paesi nordeuropei.

Gli olandesi hanno stabilito la sua festa il 6 dicembre. Nel Nord America e nelle colonie inglesi si adottarono alcuni aspetti di questa celebrazione nelle vacanze natalizie, e *Sinterklaas* (un antico nome della figura donante) divenne *Santa Claus*, o *Saint Nick*. In Gran Bretagna, anche se questo nome era conosciuto veniva chiamato *"Papà Natale"*, mentre in Italia è Babbo Natale. Nel folclore anglo-americano, questo personaggio in carne, socievole e ridanciano, arriva durante la notte di Natale su una slitta trainata da una renna, o varie renne, scende per il camino, lascia i doni ai bambini e mangia il cibo che gli hanno lasciato. Il resto dell'anno lo passa fabbricando giocattoli e ricevendo lettere sul comportamento dei bambini. Nella tradizione francese, è chiamato *Père Nöel*, e la sua festa si è sviluppata in modo analogo

alla tradizione anglosassone. In alcune versioni della tradizione, gli elfi lavorano in un laboratorio di giocattoli, ed in alcuni casi è anche sposato. In molti paesi i bambini lasciano dei contenitori vuoti, riempiti durante la notte, da Babbo Natale con piccoli doni, giocattoli, caramelle, o frutta. Negli Stati Uniti appendono sopra il caminetto una calza, che in Italia è invece lasciata per la Befana, affinché il donatore la riempia di giochi e dolciumi. In altre culture mettono le loro scarpette fuori. Lo stesso fanno la sera prima del 6 dicembre, per la festa di San Nicola. L'usanza di portare doni non è riservata a Babbo Natale o ad altri personaggi particolari, ma si sviluppa anche attraverso uno scambio reciproco di doni, sia in ambito familiare che fra amici.

Il presepe, derivato da rappresentazioni medievali che la tradizione fa risalire a *San Francesco d'Assisi* del 1223, è una ricostruzione figurativa della natività di Gesù ed è una tradizione particolarmente radicata in Italia.

L'albero di Natale, altro simbolo del Natale, è un abete (o altra conifera sempreverde) addobbato con piccoli oggetti colorati (soprattutto palle di diversi colori), luci, festoni, dolciumi, piccoli regali impacchettati e altro. Le origini vengono in genere fatte risalire al mondo tedesco nel XVI secolo, sulla base di preesistenti tradizioni cristiane e pagane.

L'uso dell'agrifoglio è stato introdotto dalla Chiesa delle origini con l'intento di sostituire il simbolo pagano dell'albero sempreverde: le foglie dell'agrifoglio rappresentano la corona di Cristo, mentre le bacche simboleggiano le gocce di sangue che escono dal capo.

Verso il secolo XI si diffuse nell'Europa del Nord l'uso di allestire rappresentazioni (sacre rappresentazioni o misteri) che riproponevano episodi tratti dalla Bibbia. Nel periodo d'Avvento, una rappresentazione molto richiesta era legata al brano della Genesi sulla creazione. Per simboleggiare l'albero "della conoscenza del bene e del male" del giardino dell'Eden si ricorreva, data la regione (Nord Europa) e la stagione, ad un abete sul quale si appendevano dei frutti.

Da quell'antica tradizione si giunse via via all'albero di Natale dei giorni nostri, di cui si ha una prima documentazione certa risalente al 1512 in Alsazia.

Nel nord e nel sud America, di meno in Europa, è tradizione decorare esternamente la casa con luci, slitte, fantocci ed altre figure natalizie.

Babbo Natale, presente in molte culture, è un anziano dalla barba bianca che distribuisce i doni ai bambini, di solito la sera della vigilia di Natale. Deriva dalla figura storica di san Nicola di Bari, ma nella sua forma moderna si è diffuso a partire dal XIX secolo negli Stati Uniti: un ruolo importante nella definizione della

sua figura ebbe la poesia *A Visit from Saint Nicholas*, pubblicata nel 1823 e attribuita allo scrittore newyorkese *Clement Clarke Moore*, nella quale Babbo Natale venne proposto ai lettori con le fattezze che oggi conosciamo.

La Befana, corruzione lessicale di Epifania attraverso bifanìa e befanìa, è una figura folkloristica legata alle festività natalizie, tipica di alcune regioni italiane e diffusasi poi in tutta la penisola italiana, meno conosciuta nel resto del mondo.

Secondo la tradizione, si tratta di una donna molto anziana che vola su una logora scopa, per fare visita ai bambini nella notte tra il 5 e il 6 gennaio (la notte dell'Epifania) e riempire le calze lasciate da essi, appositamente appese sul camino o vicino a una finestra; generalmente, i bambini che durante l'anno si sono comportati bene riceveranno dolci, caramelle, frutta secca o piccoli giocattoli. Al contrario, coloro che si sono comportati male troveranno le calze riempite con del carbone.

I bambini delle province di Trento, Udine, Verona, Piacenza, Lodi, Pavia, Cremona, Mantova, Bergamo, Brescia e della bassa modenese trovano i doni portati anche da *Santa Lucia da Siracusa* durante la notte del 13 dicembre, oltre che da Babbo Natale.

In Spagna ed in paesi con tradizioni simili i doni sono portati dai *Re Magi*, sacerdoti ed indovini di religioni pagane, durante la festa dell'Epifania. La canzone

Dodici giorni da Natale descrive perfettamente l'atmosfera ed il folklore che stanno alla base della tradizione appartenente alla vecchia Inghilterra nei giorni che vanno da Natale all'Epifania. Negli altri paesi, i doni natalizi sono portati da Babbo Natale la notte del 24 dicembre. Fino ad un passato recente i doni venivano portati da membri non appartenenti alla famiglia il giorno di *Santo Stefano*, il 26 dicembre.

Una volta si usavano le cartoline d'auguri natalizie, ormai quasi sostituite da sms e e-mail, erano molto popolari sia in Europa che negli USA, in parte utilizzate per mantenere relazioni con parenti ed amici distanti. Molte famiglie allegavano alle cartoline fotografie che ritraggono i familiari e racconti sulle vicende che le accompagnavano durante il corso dell'anno.

Molte tradizioni natalizie sono infine legate alla musica (canti natalizi come *Adeste fideles*, *Tu scendi dalle stelle*, *Jingle Bells*, *Les anges dans nos campagnes*), a particolari piante (l'agrifoglio, il vischio, la stella di Natale) e pietanze sia dolci (panettone, pandoro e altri dolci natalizi) che salate (zampone, cotechino).

Le celebrazioni religiose iniziano con *l'Avvento*, quattro settimane prima del Natale, tranne dove si utilizza il *rito ambrosiano*, dove le settimane sono sei, festa che rappresenta l'anticipazione della nascita di Cristo, caratterizzate da speciali servizi religiosi. Durante questo periodo si organizzano i canti

dell'avvento, la distribuzione ai bambini di piccoli doni, e di dolci natalizi. Prima di Natale vengono organizzati degli inni religiosi e canti. Durante la vigilia e nella giornata stessa del Natale, viene celebrata la messa di mezzanotte e quella della Natività.

Nel Nord Europa, in particolare Germania e Paesi Bassi, le celebrazioni del periodo natalizio sono incentrate sulla figura di *San Nicola* anche chiamato *San Nicolò*, la cui festa è il 6 dicembre, e costituisce l'analogo del *Santa Claus* del mondo anglosassone.

Nei Paesi Bassi, i bambini danno il benvenuto a Babbo Natale che arriva a *Alkmaar* dalla sua residenza estiva a Madrid in Spagna il giorno 13 novembre, con un battello carico di regali per i bambini che durante l'anno sono stati bravi, e aspettano fino a 6 dicembre per ricevere i regali.

In Svezia, tutto il mese di dicembre è pieno di preparativi per il Natale: si preparano i dolci, si addobba la casa, c'è la processione di Santa Lucia il 13 dicembre. La vigilia di Natale si fa la grande festa con le famiglie e i bambini aspettano l'arrivo del *Tomte*, in origine il piccolo folletto che proteggeva le famiglie e i casolari. Ora il *Tomte* equivale a Babbo Natale che porta i doni di Natale.

Le celebrazioni del natale norvegese iniziano con la festa del 24 dicembre, seguita dalla visita di *Julenissen*,

che porta i doni ai bambini che gli credono. Dopo un tranquillo 25 dicembre, segue un'altra importante celebrazione, il *Boxing Day*, dove i bambini, andando di porta in porta, ricevono piccole monete dai vicini. *Joulupukki* o *Capra di Natale* è il Babbo Natale dei finlandesi. Anche lui, viaggia su di una slitta trainata da una renna consegnando i doni ai bambini buoni.

Nel Sud Europa il Natale è una fusione tra tradizioni moderne e antiche che risalgono al Sacro Romano Impero. In Spagna, in particolare in Catalogna, alle figurine del presepe vengono affiancate due statuine assai caratteristiche: quella di *Tio*, un piccolo tronco d'albero che se viene scosso rilascia dei dolcetti, e quella del *caganer*, considerato uno dei più divertenti originali e scherzosi *porta fortuna*.

Nell'Europa dell'Est, i paesi slavi seguono la tradizione di *Ded Moroz* o *Nonno glaciale*. Secondo la leggenda, egli viaggia su una magica *troika*, una slitta decorata trainata da tre cavalli, per consegnare i doni ai bambini. Si pensa che anche questo personaggio discenda da Santa Claus e da Saint Nicholas.
Nella Repubblica Ceca, il Natale è celebrato soprattutto il 24 dicembre, o alla sera della Vigilia, anche se il 25 e 26 sono giorni di vacanza. In questa sera arriva *Jezisek*, o *piccolo Gesù*. In questo paese sopravvivono antichissime tradizioni dell'antico Natale, prevalentemente per divertimento. Altre tradizioni ceche contemplano la premonizione, con il taglio trasversale delle mele; se appare una stella nel

centro, l'anno che verrà sarà di successo, se invece appare una croce no. Le ragazze gettano le scarpe dietro le spalle; se la punta dei piedi tocca la porta, la ragazza nell'anno che verrà troverà marito. Altre tradizioni contemplano il versamento di piombo fuso in acqua e dalla forma che il piombo assume raffreddandosi emerge un responso, utile a predire il futuro.

Nei paesi del sud America le tradizioni comprendono *El Niño Jesus*, o *Gesù Bambino*, che porta doni ai bambini della Colombia; in Cile è viva la tradizione di *Viejo Pasquero* o *Vecchio Uomo del Natale*, mentre in Brasile la tradizione di *Papai Noel* rassomiglia molto a quella di Santa Claus.
In Messico la tradizione natalizia ruota attorno alla *posada*. Per nove giorni, gruppi di persone passano di porta in porta, vestiti come gli antichi magi, e periodicamente vengono invitati nelle case per partecipare allo scambio di doni, chiamato *piñata*.

A Taiwan, il 25 dicembre è considerato il giorno in cui si è sottoscritta la Costituzione della Repubblica Cinese nell'anno 1947. Ed è estremamente popolare, come se fosse Natale. Il Giappone considera il giorno 25 dicembre vacanza ufficiale ed ha adottato la stessa tradizione occidentale natalizia di Santa Claus, ma il giorno più importante è il 1° gennaio.

Il Natale nell'arte

Il Natale, e in particolare la scena della Natività di Gesù, è uno dei maggiori temi dell'arte cristiana fin dalle sue origini. Nell'ultimo secolo la festività ha continuato a ispirare numerose opere che comprendono, oltre alle tradizionali pitture e sculture, anche film, musiche sacre e romanzi.

Alcune tra le opere più famose sono:

- in letteratura, il racconto *Canto di Natale* di Charles Dickens (1843);

- in pittura, l'affresco sulla *Natività* di Giotto nella Cappella degli Scrovegni (1303-1305);

- nella musica, i motivi *Adeste fideles* trascritto da John Francis Wade (1743), *Stille Nacht* di Joseph Mohr e Franz Xaver Gruber (1816), *Jingle Bells* di James Pierpont (1857), e in Italia *Tu scendi dalle stelle* di Alfonso Maria de' Liguori (1754);

- nella cinematografia, i film *La vita è meravigliosa* di Frank Capra (1946), e *Il miracolo della 34ª strada* di George Seaton (1947).

70 Modi per dire Buon Natale in alcune lingue

Afrikaans: *Gesëende Kersfees!*
Africano, Eritrean, Tigrinja: *Rehus-Beal-Ledeats!*
Albanese: *Gezur Krishlinjden!*
Arabo: *Idah Saidan Wa Sanah Jadidah!*
Argentino: *Feliz Navidad!*
Armeno: *Shenoraavor Nor Dari yev Pari Gaghand!*
Bahasa Malaysia: *Selamat Hari Natal!*
Basco: *Zorionak eta Urte Berri On!*
Bengalese: *Shuvo Naba Barsha!*
Boemo: *Vesele Vanocce!*
Bretone: *Nedeleg laouen na bloavezh mat!*
Bulgaro: *Tchestita Koleda; Tchestito Rojdestvo Hristovo!*
Catalano: *Bon Nadal i un Bon Any Nou!*
Cileno: *Feliz Navidad!*
Cinese: *Kung His Hsin Nien bing Chu Shen Tan!*
Colombiano: *Feliz Navidad y Próspero Año Nuevo!*
Coreano: *Sung Tan Chuk Ha!*
Cornovaglia: *Nadelik looan na looan blethen noweth!*
Croato: *Sretan Bozic!*
Ceco: *Prejeme Vam Vesele Vanoce a stastny Novy Rok!*
Danese: *Glædelig Jul!*
Ebraico: *Mo'adim Lesimkha, Chena tova!*
Eschimese: *Jutdlime pivdluarit ukiortame pivdluaritlo!*
Esperanto: *Gajan Kristnaskon!*
Estone: *Ruumsaid juulup | hi!*
Filippino: *Maligayan Pasko!*
Finlandese: *Hyvaa joulua!*
Fiammingo: *Zalig Kerstfeest en Gelukkig nieuw jaar!*
Francese: *Joyeux Noel!*

Gaelico: *Nollaig chridheil agus Bliadhna mhath ùr!*
Gallese: *Nadolig Llawen!*
Giapponese: *Shinnen omedeto, Kurisumasu Omedeto!*
Greco: *Kala Christouyenna!*
Hawaiano: *Mele Kalikimaka!*
Hindi: *Shub Naya Baras!*
Indonesiano: *Selamat Hari Natal!*
Inglese: *Merry Christmas!*
Iracheno: *Idah Saidan Wa Sanah Jadidah!*
Irlandese: *Nollaig Shona Dhuit, Nodlaig mhaith chugnat!*
Islandese: *Gledileg Jol!*
Italiano: *Buon Natale*
Jugoslavo: *Cestitamo Bozic!*
Latino: *Natale hilare et Annum Faustum!*
Lettone: *Prieci'gus Ziemsve'tkus un Laimi'gu Jauno Gadu!*
Lituano: *Linksmu Kaledu!*
Macedone: *Sreken Bozhik!*
Maltese: *Il Milied it Tajjeb*
Maori: *Meri Kirihimete!*
Micronesia: *Neekiriisimas annim oo iyer seefe feyiyeech!*
Norvegese: *God Jul, or Gledelig Jul!*
Olandese: *Vrolijk Kerstfeest en een Gelukkig Nieuwjaar!
or Zalig Kerstfeast!*
Papua Nova Guinea: *Bikpela hamamas blong dispela
Krismas na Nupela yia i go long yu!*
Peruviano: *Feliz Navidad y un Venturoso Año Nuevo!*
Polacco: *Wesolych Swiat Bozego Narodzenia or Boze
Narodzenie!*
Portoghese: *Feliz Natal!*
Rapa-Nui (Isola di Pasqua): *Mata-Ki-Te-Rangi, Te-Pito-
O-Te-Henua!*

Rumeno: *Craciun Fericit*

Russo: *Pozdrevlyayu s prazdnikom Rozhdestva is Novim Godom!*

Samoa: *La Maunia Le Kilisimasi Ma Le Tausaga Fou!*

Serbo-Croato: *Sretam Bozic, Vesela Nova Godina!*

Serbo: *Hristos se rodi!*

Slovacco: *Vesele, a stastlivy Novy Rok!*

Sloveno: *Vesele Bozicne, Srecno Novo Leto!*

Spagnolo: *Feliz Navidad!*

Svedese: *God Jul and (Och) Ett Gott Nytt År!*

Tailandese: *Sawadee Pee Mai!*

Tedesco: *Froehliche Weihnachten!*

Turco: *Noeliniz Ve Yeni Yiliniz Kutlu Olsun!*

Ucraino: *Srozhdestvom Kristovym!*

Ungherese: *Kellemes Karacsonyi unnepeket!*

Vietnamita: *Chung Mung Giang Sinh!*

Alcune delle più famose canzoni di Natale

12 Days of Christmas - Bob and Doug McKenzie
2000 Miles – The Pretenders
A New York Christmas - Rob Thomas
Adeste Fidelis – Nat King Cole
All I Want for Christmas Is You - Mariah Carey
Angels From The Realms Of Glory - Annie Lennox
Blue Christmas - Elvis Presley
Carol of the Bells – Destiny's Child
Christmas – Trans-Siberian Orchestra
Christmas (Baby Please Come Home) - U2
Christmas In America - Pat Benatar and Neil Giraldo
Christmas Song - Dave Matthews Band
Christmas Time – Bryan Adams
Christmas Time Is Here - Vince Guaraldi
Christmas Wrapping - Glee
Do They Know It's Christmas? - Band Aid
Do You Hear What I Hear – The Cliff Adams Singers
Driving Home for Christmas - Chris Rea
Feliz Navidad - Jose Feliciano
Gabriel's Message - Sting
Good King Wenceslas - Loreena McKennitt
Happy New Year - Abba
Have Yourself a Merry Little Christmas - Judy Garland
Happy Xmas (War Is Over) - John Lennon
Heard the Bells on Christmas Day - Harry Belafonte
Here Comes Santa Claus - Elvis Presley
It's Beginning to Look a Lot Like Christmas - Perry Como
Jingle Bells - Diana Krall
Jingle Bell Rock - Billy Idol

Joy to the World - Michael Bolton
Last Christmas - Wham!
Let It Snow! Let It Snow! Let It Snow! – Dean Martin
Little Donkey – Vera Lynn
Little Drummer Boy - Vera Lynn
Little Saint Nick - The Beach Boys
Marshmallow World - Dean Martin and Frank Sinatra
Merry Christmas Darling - The Carpenters
Merry Christmas, Baby - Christina Aguilera
Merry Xmas Everybody - Slade
Mistletoe and Wine - Cliff Richard
O Holy Night - Celine Dion
O Little Town of Bethlehem - Sarah McLachlan
Oh Santa! - Mariah Carey
Santa Baby - Kylie Minogue
Santa Claus Lane - Hilary Duff
Silent Night - Jackie Evancho
Step Into Christmas - Elton John
The First Noel – Ella Fitzgerald
The Holly and the Ivy - Natalie Cole and Jose Carreras
This Christmas - Chris Brown
The Christmas Bells – The George Mitchel Minstrels
The Christmas Song - Nat King Cole
The Christmas Waltz - The Carpenters
The Little Drummer Boy - David Bowie and Bing Crosby
Wonderful Christmastime - Paul McCartney
Walking In The Air - Aled Jones
White Christmas - Bing Crosby
Winter Wonderland - Jason Mraz

Dolci natalizi

In Italia esiste una vasta gamma di preparati casalinghi, artigianali ed industriali che ci accompagnano alla festività del Natale, con una diversificazione per regioni, province e perfino comuni; inoltre, lo stesso dolce acquisisce, secondo i luoghi, i nomi più disparati.

In Europa e in America è consuetudine preparare particolari dolci natalizi.

Alcuni dolci che vengono realizzati nelle festività:

- *Anello di Monaco*, preparato a Mantova;

- *Babka, Bobka,* o *Baba,* è una torta lievitata polacca;

- *Bastoncini di zucchero,* sono un tipo di caramella dura e allungata a forma di bastone, dolce tipico americano;

- *Bejgli* o *Beigli,* e un dolce tradizionale della cucina ungherese;

- *Bethmännchen* o *Frankfurter Bethmännchen,* e un dolce natalizio tedesco, tipico di Francoforte;

- *Biscione reggiano,* un prodotto tipico delle antiche pasticcerie della città di Reggio Emilia;

- *Biscotti allo zenzero,* diffusi in tutta la Germania e in Scandinavia in diverse ricette.

- *Buccellato siciliano*, pane di pasta frolla ripieno di fichi secchi;

- *Buchteln*, Alto Adige, pane dolce cotto al forno, ripieno di marmellata e cosparso di zucchero e salsa alla vaniglia;

- *Cannarìculi,* sono dolcetti natalizi calabresi;

- *Cartellate,* sono dei tipici dolci originari della Puglia e prodotti anche nelle regioni limitrofe, *Nèvole* o *Crispelle* in Calabria e *Rose* o *Crispedde* in Basilicata;

- *Cassata siciliana*, torta tradizionale siciliana;

- *Ceppo di Natale* o *Ceppo natalizio* o *Ciocco natalizio,* si tratta di un'usanza risalente almeno al XII secolo, diffuso in Europa;

- *Christmas pudding*, tipico dolce natalizio inglese;

- *Christstollen, Weihnachtsstollen* o *Stollen,* è un tipico dolce natalizio tedesco, di cui si ha notizia sin dal XIV secolo;

- *Cicerata*, detta anche *Cicirata* o *Cicirchiata*, è un dolce natalizio tradizionale per la regione Basilicata ma molto diffusa anche in Calabria, ma anche nel resto del Mezzogiorno;

- *Cicerchiata* è un dolce tipico tradizionale per l'Abruzzo, le Marche ed il Molise, ma diffuso anche in Umbria;

- *Cozonac*, è un dolce tipico della gastronomia rumena, della cucina bulgara e albanese;

- *Certosino di Bologna* o *Panspeziale*; la sua origine è molto antica e sembra che il nome derivi dai farmacisti o "speziali" che per primi lo produssero. In un secondo tempo furono i frati certosini a prendersi carico della sua produzione;

- *Crema ganache*, detta anche *parigina*, viene utilizzata per guarnire le torte oppure per ricoprire il *tronchetto di Natale* (*bûche de Noël*, in francese);

- *Crescenzin* o *Stollen di Natale*, originari di *Dresda*;

- *Croquembouche* è un tipico dolce francese, formato da una "montagna" di bignè;

- *Crustoli*, biscotti tipici pugliesi;

- *Cubaita*, torrone siciliano;

- *Cuddrurieddru* , ciambelle fritte in Calabria;

- *Cuddura*, ciambelle fritte in Sicilia, Calabria e Puglia;

- *Cupeta*, un tipico torrone delle regioni del sud Italia;

- *Cururicchi*, ciambelle fritte in Calabria;

- *Divinamorea*, biscotti traggono il nome dalle Religiose dell'omonima comunità di clausura della zona di Napoli;

- *Ferratella*, tipico dell'Abruzzo, Ortona in provincia di Chieti;

- *Focaccia veneta*, *fugassa* o *fugassin*, è un pane lievitato dolce analogo a colomba pasquale o pandoro;

- *Frìtola,* è il dolce tipico del carnevale di Venezia e di tutto il Veneto, del Friuli-Venezia Giulia e dell'Istria, ma vengono preparati anche a Natale;

- *Fristingo,* è un dolce tipico marchigiano a base di frutta secca e fichi;

- *Galette des rois,* diffusa nel nord della Francia e in Belgio, è caratteristica dell'Epifania;

- *Giurgiulèna* o anche *giuggiulena,* o *cubàita* in Sicilia occidentale, è un tipico dolce di Natale, in uso nella cucina siciliana e in gran parte della Calabria;

- *Gubana,* tipico delle Valli del Natisone;

- *Gugelhupf,* tipico dell'Austria;

- *Joulutorttu, (Torta di Natale),* o *Tähtitorttu (Torta a forma di stella)* è un tipico dolce della Finlandia;

- *Kerststol* è un dolce natalizio tipico della tradizione dei Paesi Bassi, assai simile al tedesco *Stollen;*

- *Kiachln* sono un prodotto della tradizione culinaria trentina, poco diffuso nel resto dell'Italia;

- *Kourabiedes* o *Kourabiethes,* sono dei biscotti tipici della Grecia;

- *Kruidnoten,* sono dei biscotti tipici olandesi consumati durante la festa di *Sinterklaas (Santa Claus* o *San Nicola),* la vigilia del 5 dicembre;

- *Lebkuchen,* dell'area germanica, tipici anche in Alto Adige, talvolta ripieni di marmellata o noci o a forma di *Nikolaus* e *Krampus;*

- *Lussekatter,* (*gatto di Lucia*), *Lussebullar* (*focacce di Lucia*), *Dövelskatter* o *Dyvelkatter* (*gatti del diavolo*), sono delle focaccine natalizie svedesi, vengono serviti il 13 dicembre, giorno di *Santa Lucia*;

- *Maccheroni dolci con le noci,* nella cucina viterbese e umbra, sono un tipico dolce natalizio (dalla vigilia di Natale all'Epifania), talvolta preparato anche per Tutti i Santi e per la festa dei Morti;

- *Mandorlato,* è un dolce prodotto nella zona di Cologna Veneta;

- *Mecoulin,* Val d'Aosta;

- *Melomakarono,* sono dei tipici dolci greci a forma d'uovo;

- *Miacetto,* è un dolce natalizio tipico della città di Cattolica in provincia di Rimini;

- *Mince Pie,* è un dolce tradizionale inglese;

- *Mustacciuoli, Mustaccioli* o *Mostaccioli,* prendono il nome dal mosto che i contadini napoletani anticamente usavano per renderli più dolci;

- *Nacatole,* sono dolci tradizionali della Calabria;

- *Nadalin,* dolce tipico di Verona;

- *Pampepato,* tipico di Ferrara;

- *Pan de Pascua,* tipico de Cile;

- *Pandolce,* tipico della provincia di Genova;

- *Pandoro,* della zona di Verona, ora diffuso in tutta Italia;

- *Panettone*, originario di Milano, ora diffuso in tutta Italia;

- *Panforte*, tipico di Siena, è composto da frutta candita, miele, zucchero e spezie;

- *Panone*, tipico della provincia di Bologna;

- *Panpepato*, Terni;

- *Papillote*, biscotti di Lione;

- *Parrozzo*, tipico dell'Abruzzo, Pescara;

- *Paskalya çöreği*, biscotti della Turchia;

- *Pasticciotto e Fruttone*, tipici del Salento;

- *Pepatelli*, biscotti tipici dell'Abruzzo, presentano un forma allungata;

- *Petrali*, biscotti tipici di Reggio Calabria;

- *Pitta'mpigliata*, è un dolce tipico calabrese, originario di San Giovanni in Fiore ma molto diffuso in tutta la provincia di Cosenza;

- *Purcedduzzi*, sono tipici dolci natalizi diffusi nel Salento, in Puglia e in tutta la Basilicata;

- *Pupurati*, biscotti pugliesi;

- *Raffiuoli*, sono dolci natalizi tipici della tradizione della cucina napoletana;

- *Ricciarelli*, biscotti senesi;

- *Roccocò*, a forma di ciambella, dal francese *rocaille* per la barocca e rotondeggiante forma di conchiglia; biscotti della tradizione di Napoli;

- *Sannacchiudere* sono tipici dolci natalizi della provincia di Taranto;

- *Sfogliatelle,* dolce tipico della zona nord-barese;

- *Speculoos* sono biscotti alla cannella tipici del Belgio e dei Paesi Bassi;

- *Spitzbuben,* biscotti dell'area germanica, tipici anche in Alto Adige;

- *Struffoli,* sono dei tipici dolci natalizi della cucina napoletana;

- *Susamielli,* biscotti a forma di 'S' della tradizione di Napoli;

- *Szaloncukrok,* sono dei dolcetti tipici del periodo natalizio in Ungheria;

- *Tronchetto di Natale*; è un dolce natalizio diffuso principalmente in Francia e negli altri Paesi francofoni, ma conosciuto anche in Italia;

- *Torrone, Torroni ripieni, Torroncini, Nocciolato* e *Croccanti,* sono dolci diffusi in tutta Italia, e non solo nel periodo natalizio;

- *Vánočka,* pane tipico della Repubblica Ceca e della Slovacchia, in slovacco è chiamato *vianočka*;

- *Vasilopita,* definita *"torta di San Basilio"* è una torta di Capodanno tipica della Grecia, e di molti paesi dell'Europa Orientale e dell'area dei Balcani;

- *Veneziana*, sempre tradizionale di Milano, simile a un panettone glassato ma senza né uvetta né canditi;

- *Zelten*, dolce a base di frutta secca e canditi tipico del Trentino-Alto;

- *Zwieback*, biscotti di origine svizzera.

Citazioni & Aforismi

Chi non ha il Natale nel suo cuore, non lo troverà mai sotto un albero.
(Anonimo)

Da un punto di vista puramente commerciale, se il Natale non esistesse bisognerebbe inventarlo.
(Katharine Whitehorn)

Alcuni suggerimenti per un regalo di Natale: perdono per un tuo nemico, tolleranza per un tuo avversario, il tuo cuore per un tuo amico, un buon servizio per un tuo cliente. Carità per tutti e buon esempio per i bambini. Rispetto per te stesso.
(Oren Arnold)

È Natale ogni volta che sorridi a un fratello e gli tendi la mano. ... È Natale ogni volta che riconosci con umiltà i tuoi limiti e la tua debolezza. È Natale ogni volta che permetti al Signore di rinascere per donarlo agli altri.
(Madre Teresa di Calcutta)

Il Natale è per sempre, non soltanto per un giorno, l'amare, il condividere, il dare, non sono da mettere da parte come i campanellini, le luci e i fili d'argento in qualche scatola su uno scaffale. Il bene che fai per gli altri è bene che fai a te stesso.
(Norman Brooks)

Ho sempre pensato al Natale come ad un bel momento. Un momento gentile, caritatevole, piacevole e dedicato al perdono. L'unico momento che conosco, nel lungo anno, in cui gli uomini e le donne sembrano aprire consensualmente e liberamente i loro cuori, solitamente chiusi.
(Charles Dickens)

Il Natale esisterà sempre a condizione che teniamo cuore nel cuore e mano nella mano.
(Aeolita Dr. Seuss)

Il Natale è la dolce stagione nel quale dobbiamo accendere il fuoco dell'ospitalità e la straordinaria fiamma di carità del nostro cuore.
(Washington Irving)

Il Natale è un sorriso dal cielo, è la gioia nel cuore, è scoprire che non solo a dicembre il Natale brilla nei nostri cuori.
(Stephen Littleword)

Il Natale non è un periodo o una stagionalità, ma uno stato della mente. Deve portare tra la gente pace e buoni propositi, essere pieni di misericordia significa avere il vero spirito natalizio. Se pensiamo a queste cose dentro di noi rinascerà il Salvatore e su di noi brillerà il raggio di una stella che porterà un barlume di speranza per il mondo
(Calvin Coolidge)

Il Natale: quando arriva arriva!
(Renato Pozzetto)

Non c'è un Natale ideale; c'è solo il Natale che tu decidi di vivere come riflesso dei tuoi valori, desideri, affetti, tradizioni.
(Bill McKibben)

Natale è quando provi nostalgia di casa, anche quando sei a casa.
(Anonimo)

Se quest'anno nessuno ha intenzione di mandarmi dei regali per Natale, non vi preoccupate. Ditemi solo dove abitate e io verrò a prenderli da solo.
(Henny Youngman)

L'Angolo della Poesia

Il mago di Natale *di Gianni Rodari*

S'io fossi il mago di Natale
farei spuntare un albero di Natale
in ogni casa, in ogni appartamento
dalle piastrelle del pavimento,
ma non l'alberello finto,
di plastica, dipinto
che vendono adesso all'Upim:
un vero abete, un pino di montagna,
con un po' di vento vero
impigliato tra i rami,
che mandi profumo di resina
in tutte le camere,
e sui rami i magici frutti: regali per tutti.
Poi con la mia bacchetta me ne andrei
a fare magie
per tutte le vie.
In via Nazionale
farei crescere un albero di Natale
carico di bambole
d'ogni qualità,
che chiudono gli occhi
e chiamano papà,
camminano da sole,
ballano il rock an'roll
e fanno le capriole.
Chi le vuole, le prende:

gratis, s'intende.
In piazza San Cosimato
faccio crescere l'albero
del cioccolato;
in via del Tritone
l'albero del panettone
in viale Buozzi
l'albero dei maritozzi,
e in largo di Santa Susanna
quello dei maritozzi con la panna.
Continuiamo la passeggiata?
La magia è appena cominciata:
dobbiamo scegliere il posto
all'albero dei trenini:
va bene piazza Mazzini?
Quello degli aeroplani
lo faccio in via dei Campani.
Ogni strada avrà un albero speciale
e il giorno di Natale
i bimbi faranno
il giro di Roma
a prendersi quel che vorranno.
Per ogni giocattolo
colto dal suo ramo
ne spunterà un altro
dello stesso modello
o anche più bello.
Per i grandi invece ci sarà
magari in via Condotti
l'albero delle scarpe e dei cappotti.
Tutto questo farei se fossi un mago.

Però non lo sono
che posso fare?
Non ho che auguri da regalare:
di auguri ne ho tanti,
scegliete quelli che volete,
prendeteli tutti quanti.

A Gesù Bambino *di Umberto Saba*

La notte è scesa
e brilla la cometa
che ha segnato il cammino.
Sono davanti a Te, Santo Bambino!
Tu, Re dell'universo,
ci hai insegnato
che tutte le creature sono uguali,
che le distingue solo la bontà,
tesoro immenso,
dato al povero e al ricco.
Gesù, fa' ch'io sia buono,
che in cuore non abbia che dolcezza.
Fa' che il tuo dono
s'accresca in me ogni giorno
e intorno lo diffonda,
nel Tuo nome.

La Befana *di Giovanni Pascoli*

Viene viene la Befana
vien dai monti a notte fonda.
Come è stanca! La circonda
neve, gelo e tramontana.
Viene viene la Befana.
Ha le mani al petto in croce,
e la neve è il suo mantello
ed il gelo il suo pannello
ed il vento la sua voce.
Ha le mani al petto in croce.
E s'accosta piano piano
alla villa, al casolare,
a guardare, ad ascoltare
or più presso or più lontano.
Piano piano, piano piano.
Che c'è dentro questa villa?
Uno stropiccìo leggero.
Tutto è cheto, tutto è nero.
Un lumino passa e brilla.
Che c'è dentro questa villa?
Guarda e guarda…tre lettini
con tre bimbi a nanna, buoni.
guarda e guarda…ai capitoni
c'è tre calze lunghe e fini.
Oh! tre calze e tre lettini.
Il lumino brilla e scende,
e ne scricchiolan le scale;
il lumino brilla e sale,
e ne palpitan le tende.

Chi mai sale? Chi mai scende?
Co' suoi doni mamma è scesa,
sale con il suo sorriso.
Il lumino le arde in viso
come lampada di chiesa.
Co' suoi doni mamma è scesa.
La Befana alla finestra
sente e vede, e s'allontana.
Passa con la tramontana,
passa per la via maestra,
trema ogni uscio, ogni finestra.
E che c'è nel casolare?
Un sospiro lungo e fioco.
Qualche lucciola di fuoco
brilla ancor nel focolare.
Ma che c'è nel casolare?
Guarda e guarda… tre strapunti
con tre bimbi a nanna, buoni.
Tra la cenere e i carboni
c'è tre zoccoli consunti.
Oh! tre scarpe e tre strapunti…
E la mamma veglia e fila
sospirando e singhiozzando,
e rimira a quando a quando
oh! quei tre zoccoli in fila…
Veglia e piange, piange e fila.
La Befana vede e sente;
fugge al monte, ch'è l'aurora.
Quella mamma piange ancora
su quei bimbi senza niente.
La Befana vede e sente.

La Befana sta sul monte.
Ciò che vede è ciò che vide:
c'è chi piange e c'è chi ride;
essa ha nuvoli alla fronte,
mentre sta sull'aspro monte.

Natale *di Antonio Pittau*

Il Natale è grande e bello
col presepe e l'alberello.
Tutti i bimbi hanno un regalo,
anche piccolo,
ma bello.
Il Natale vecchio e dolce,
porti ancora a tutto il mondo
tanto amore e tanta pace
per il Bimbo che oggi nasce.
Egli giace sulla paglia
con la mucca e l'asinello,
con la Mamma e gli angioletti,
i pastori e gli agnellini.
Tutti noi,
per questo Bimbo
dobbiam esser agnelli,
tutti bianchi,
tutti buoni,
nella notte di Natale.

Natale ai giorni nostri *di Antonio Pittau*

Dal carico della slitta
scampanellante di Babbo Natale,
o dalla generosità
dei gesùbambini con il Bancomat,
dipendono molto più
del sorriso o della delusione
di chi riceve qualcosa o niente.
Il Natale è il carburante
che può alimentare
il motore di un'economia
o piantare l'auto senza benzina
sul ciglio della strada.

Filastrocca di Natale *(Anonimo)*

Babbo Natale viene di notte
viene in silenzio a mezzanotte.
Dormono tutti i bimbi buoni
e nei lettini sognano i doni.
Babbo Natale vien fra la neve,
porta i suoi doni là dove deve.
Non sbaglia certo: conosce i nomi
di tutti quanti i bimbi buoni.

Indice